Bryn Mawr Greek Commentaries

[Xenophon]'s *Constitution of the Athenians*

Mark Joyal

Thomas Library
Bryn Mawr College
Bryn Mawr, Pennsylvania

Second Edition 2002

Copyright ©2001, 2002 by **Bryn Mawr Commentaries**

Manufactured in the United States of America
ISBN 0-929524-95-0
Printed and distributed by
Bryn Mawr Commentaries
Thomas Library
Bryn Mawr College
101 North Merion Avenue
Bryn Mawr, PA 19010-2899

Series Preface

These lexical and grammatical notes are meant not as a full-scale commentary but as a clear and concise aid to the beginning student. The editors have been told to resist their critical impulses and to say only what will help the student read the text. Our commentaries, then, are the beginning of the interpretive process, not the end.

We expect that the student will know the basic Attic declensions and conjugations, basic grammar (the common functions of cases and moods; the common types of clauses and conditions), and how to use a dictionary. In general we have tried to avoid duplication of material easily extractable from the lexicon, but we have included help with the odd verb forms, and recognizing that endless page-flipping can be counter-productive, we have provided the occasional bonus of assistance with uncommon vocabulary.

These commentaries are based on the Oxford Classical Text unless otherwise noted. Oxford University Press has kindly allowed us to print its edition of the Greek text in cases where we thought it would be particularly beneficial to the student.

Production of these commentaries has been made possible by a generous grant from the Division of Education Programs, the National Endowment for the Humanities.

Richard Hamilton
General Editor

INTRODUCTION

The authorship of the *Constitution of the Athenians* ('Αθηναίων Πολιτεία) has traditionally been assigned to Xenophon, an Athenian aristocrat who lived some time between about 430 and 354 B.C. Xenophon wrote several historical works (most famously the *Anabasis*, the *Cyropaedia* and the *Hellenica*) and some Socratic conversations (the *Memorabilia*, the *Symposium*, the *Oeconomicus* and the *Apology of Socrates*), and the evidence of our medieval manuscripts as well as the testimony of some ancient writers would have us believe that he also composed the *Constitution of the Athenians*. No modern scholar, however, is willing to believe that this is the case. The most important arguments against Xenophon's authorship may be briefly summarized here.

1. The style of the *Constitution* differs in important respects from that of Xenophon. In particular, its language is highly repetitive and shows little of the polish that we generally expect of him. As well, the structure of the work does not always appear to have been very carefully thought out, and the movement from one section to another is frequently rough and disjointed.

2. The *Constitution* must have been written between 443 B.C., the date of the latest event referred to in the treatise (at III.11), and about 415. The most persuasive arguments fix the date of composition to around 425, obviously too early for the *Constitution* to have been written by Xenophon, given that he was born around 430. Even the latest of these dates makes it improbable that Xenophon could be the author of this work.

3. Most ancient writers seem to have thought that Xenophon was the author of the *Constitution*, but doubt about its authorship was being expressed even as early as the first century B.C., when Demetrius of Magnesia claimed that Xenophon did not write it. For this opinion Demetrius may himself have been relying upon a tradition which was a good deal earlier than his own time (his view is preserved in Diogenes Laertius' *Life of Xenophon*, 2.57).

Even though a strong consensus now exists that Xenophon did not write this work, there is no agreement on who its author is, and it seems impossible to ascribe it with confidence to any known writer. Since the late nineteenth century the author has commonly been referred to as the "Old Oligarch," a title which in a general way reflects his political sympathies as well as his candor and reactionary view of the world. It is not, however, a very helpful designation, and we will do better to consider what the

Constitution itself can tell us about the author. In the first place, it is apparent that he wrote the treatise somewhere other than in Athens; we draw this conclusion from his references at I.2, I.11 and III.6 to Athens as "there" (αὐτόθι). Moreover, some of the information which he supplies about Athens is of the basic kind that most Athenians would not have needed to be told; it seems to be intended for a non-Athenian readership unfamiliar with conditions in the city. But it also appears that the author was himself an Athenian: he identifies himself with the Athenians through his use of the first-person plural "we" at I.12 in connection with certain measures that the Athenians have taken, and he has a detailed knowledge of the workings of Athenian democracy. Although he is willing, from a dispassionate and practical standpoint, to praise Athens' ability to operate this system of government in its own interest, he is clearly unsympathetic to the system itself and consistently describes Athenian society as being divided into two opposing sides: on the one hand, "the good" (οἱ χρηστοί I.1, I.4 etc.), "the best" (οἱ βέλτιστοι I.5), "the wealthy" (οἱ πλούσιοι I.4, I.13, II.10 etc.) and "the few" (οἱ ὀλίγοι II.10); and on the other, "the bad" (οἱ πονηροί I.1, I.4 etc.), "the inferior" (οἱ χείρους I.4) and "the poor" (οἱ πένητες I.4, II.9 etc.), also classified as "the mob" (ὁ ὄχλος II.10). His criticisms include the remark that Athenian citizens cannot be told apart from slaves and metics (resident foreigners) since they dress no better, and the complaint that slaves in Athens refuse to step aside for free people (I.10).

We may suppose, then, that the *Constitution* was written for the information of non-Athenians, probably in the 420s B.C., by an Athenian who was not living in Athens (an exile?) and who was opposed in principle to democracy and the structure of Athenian society. Beyond these assumptions, however, it is very hard to see precisely what circumstance or occasion inspired the author to write this work, and it is no easier to be sure what literary genre the *Constitution* may be placed into. One of the chief problems is that there is really nothing like it in contemporary Greek literature. To call it a "political pamphlet" (as some have done) does not take us very far, since we cannot point to other works that fall into this class and therefore do not know whether that genre even existed at this time. There can be no doubt, however, that debates about the merits of Athenian democracy were familiar at the time that the *Constitution* was written, and these debates must have extended to considerations about the merits of democracy as compared with other systems of government, as well as about the characteristics of Athenians and the citizens of other states. We can catch an early glimpse of such debates in Herodotus 3.80-83, where the comparative values of monarchy, oligarchy and democracy are argued by three different characters (Otanes, Megabyzus and Darius), in Euripides' *Suppliant Women*

399-455, where Theseus and a herald describe democracy and monarchy, and in Thucydides 1.69-71, where a Corinthian delegation in Sparta contrasts the typical qualities of the Spartan with those of the Athenian. The issue was discussed more systematically in the fourth century by Plato (*Republic* 487b-497a, *Statesman* 291d-303b) and Aristotle (*Politics* 4.3-11), and later still by the second-century historian Polybius (6.2, the theory of the "mixed constitution"). It may be, then, that the *Constitution* essentially reflects an abiding Greek fascination with the ways that civilized states organized and governed themselves.

In spite of these problems of authorship and genre, there is no question that the *Constitution of the Athenians* is an important treatise. For one thing, it is among the oldest surviving works of Attic prose – if it is not in fact the oldest – so the study of its style and vocabulary enables us to form a more complete impression of the development of prose literature in Athens. It also provides valuable insight into the way that Athenian democracy operated in its heyday in the fifth century B.C., and into many features of Athenian society. Furthermore, with astonishing frankness it furnishes a glimpse of the assumptions and prejudices of one Athenian who disliked democracy intensely. The *Constitution* thus offers an antidote – an extreme one, to be sure – to panegyrics about Athenian democracy of the kind that we encounter in Pericles' Funeral Speech (Thucydides 2.35-46), to name just one celebrated example.

I take the opportunity to thank Richard Hamilton for his many suggestions towards the improvement of this commentary, as well as for his help in bringing it to completion. I am grateful also to my colleague Christopher Marshall for his comments on an earlier version of these notes. Both his students and mine deserve thanks as well for their patience and advice about what intelligent learners most need to be told in order to read and understand the *Constitution of the Athenians*.

Mark Joyal
St. John's, Newfoundland
December 2000

Select Bibliography

Bowersock = G.W. Bowersock. "Pseudo-Xenophon," *Harvard Studies in Classical Philology* 71 (1966) 33-55. — Greek text and discussion of date of composition.

Connor, W.R. *The New Politicians of Fifth-Century Athens.* Princeton 1971. 207-209.

de Ste. Croix, G.E.M. *The Origins of the Peloponnesian War.* London 1972. 307-310.

Dover = K.J. Dover. *Greek Popular Morality in the Time of Plato and Aristotle.* Oxford 1974.

Forrest, W.G. "The date of the pseudo-Xenophontic *Athenaion Politeia*," *Klio* 52 (1970) 107-116.

Gomme = A.W. Gomme. "The Old Oligarch," *Harvard Studies in Classical Philology*, supplementary volume 1 (1940) 211-245.

Hornblower, S. "Old Oligarch," in S. Hornblower and A. Spawforth, eds. *The Oxford Classical Dictionary.* Oxford/New York 1996[3]. 1063-1064.

Marchant, E.C. and G.W. Bowersock. *Xenophon, vol. VII. Scripta Minora* (Loeb Classical Library). London 1968. — Text and translation.

Marr, J.L. "Notes on the pseudo-Xenophontic *Athenaion Politeia*," *Classica et Mediaevalia* 34 (1983) 45-53.

____. "Making sense of the Old Oligarch," *Hermathena* 160 (1996) 37-43.

Moore = J.M. Moore. *Aristotle and Xenophon on Democracy and Oligarchy.* Berkeley/Los Angeles 1975. 19-61. — Introduction, translation and notes.

Whitehead = D.W. Whitehead. "Two notes on the Old Oligarch," *Liverpool Classical Monthly* 7 (1982) 119-120.

Note on the Text

The text which is printed below is based on the edition by G.W. Bowersock in *Harvard Studies in Classical Philology* 71 (1966) 47-55. The following is a list of departures from Bowersock's edition (differences in punctuation and accent are not listed):

	This text	Bowersock
I.2	αὐτόθι	αὐτόθι καὶ
I.2	ἐν τῇ χειροτονίᾳ	τῇ χειροτονίᾳ
I.17	ἄμεινον πράττει	ἄμεινον πράττειν
II.1	κρείττους	κράτιστοί εἰσι
II.7	ἤθροισται	ἠθροίσθη
II.17	πυνθάνονται	†πυνθάνονται†
III.1	ἐπειδὴ δ'	ἐπειδήπερ

ΑΘΗΝΑΙΩΝ ΠΟΛΙΤΕΙΑ

I

1 Περὶ δὲ τῆς Ἀθηναίων πολιτείας, ὅτι μὲν εἵλοντο τοῦτον τὸν τρόπον τῆς πολιτείας, οὐκ ἐπαινῶ διὰ τόδε, ὅτι ταῦθ' ἑλόμενοι εἵλοντο τοὺς πονηροὺς ἄμεινον πράττειν ἢ τοὺς χρηστούς. διὰ μὲν οὖν τοῦτο οὐκ ἐπαινῶ· ἐπεὶ δὲ ταῦτα ἔδοξεν οὕτως αὐτοῖς, ὡς εὖ διασῴζονται τὴν πολιτείαν καὶ τἆλλα διαπράττονται ἃ δοκοῦσιν ἁμαρτάνειν τοῖς ἄλλοις Ἕλλησι, τοῦτ' ἀποδείξω.

2 Πρῶτον μὲν οὖν τοῦτο ἐρῶ, ὅτι δίκαιοι αὐτόθι οἱ πένητες καὶ ὁ δῆμος πλέον ἔχειν τῶν γενναίων καὶ τῶν πλουσίων διὰ τόδε, ὅτι ὁ δῆμός ἐστιν ὁ ἐλαύνων τὰς ναῦς καὶ ὁ τὴν δύναμιν περιτιθεὶς τῇ πόλει, καὶ οἱ κυβερνῆται καὶ οἱ κελευσταὶ καὶ οἱ πεντηκόνταρχοι καὶ οἱ πρῳρᾶται καὶ οἱ ναυπηγοί—οὗτοί εἰσιν οἱ τὴν δύναμιν περιτιθέντες τῇ πόλει πολὺ μᾶλλον ἢ οἱ ὁπλῖται καὶ οἱ γενναῖοι καὶ οἱ χρηστοί. ἐπειδὴ οὖν ταῦτα οὕτως ἔχει, δοκεῖ δίκαιον εἶναι πᾶσι τῶν ἀρχῶν μετεῖναι ἔν τε τῷ κλήρῳ καὶ ἐν τῇ χειροτονίᾳ, καὶ λέγειν ἐξεῖναι τῷ βουλομένῳ τῶν

3 πολιτῶν. ἔπειτα ὁπόσαι μὲν σωτηρίαν φέρουσι τῶν ἀρχῶν χρησταὶ οὖσαι καὶ μὴ χρησταὶ κίνδυνον τῷ δήμῳ ἅπαντι, τούτων μὲν τῶν ἀρχῶν οὐδὲν δεῖται ὁ δῆμος μετεῖναι (οὔτε τῶν στρατηγιῶν κλήρῳ οἴονταί σφισι χρῆναι μετεῖναι οὔτε τῶν ἱππαρχιῶν)· γιγνώσκει γὰρ ὁ δῆμος ὅτι πλείω ὠφελεῖται ἐν τῷ μὴ αὐτὸς ἄρχειν ταύτας τὰς ἀρχάς, ἀλλ' ἐὰν τοὺς δυνατωτάτους ἄρχειν· ὁπόσαι δ' εἰσὶν ἀρχαὶ μισθοφορίας ἕνεκα καὶ ὠφελίας εἰς τὸν οἶκον, ταύτας ζητεῖ ὁ δῆμος ἄρχειν.

4 ἔπειτα δὲ ὃ ἔνιοι θαυμάζουσιν ὅτι πανταχοῦ πλέον νέμουσι τοῖς πονηροῖς καὶ πένησι καὶ δημοτικοῖς ἢ τοῖς χρηστοῖς, ἐν αὐτῷ τούτῳ φανοῦνται τὴν δημοκρατίαν διασῴζοντες. οἱ μὲν γὰρ πένητες καὶ οἱ δημοτικοὶ καὶ οἱ χείρους εὖ πράττοντες καὶ πολλοὶ οἱ τοιοῦτοι γιγνόμενοι τὴν δημοκρατίαν αὔξουσιν· ἐὰν δὲ εὖ πράττωσιν οἱ πλούσιοι καὶ οἱ χρηστοί, ἰσχυρὸν τὸ ἐναντίον

5 σφίσιν αὐτοῖς καθιστᾶσιν οἱ δημοτικοί. ἔστι δὲ πάσῃ γῇ τὸ βέλτιστον ἐναντίον τῇ δημοκρατίᾳ· ἐν γὰρ τοῖς βελτίστοις ἔνι ἀκολασία τε ὀλιγίστη καὶ ἀδικία, ἀκρίβεια δὲ πλείστη εἰς τὰ χρηστά, ἐν δὲ τῷ δήμῳ ἀμαθία τε πλείστη καὶ ἀταξία καὶ πονηρία· ἥ τε γὰρ πενία αὐτοὺς μᾶλλον ἄγει ἐπὶ τὰ αἰσχρά, καὶ ἡ ἀπαιδευσία καὶ ἡ ἀμαθία δι' ἔνδειαν χρημάτων <ἔνι>

6 ἐνίοις τῶν ἀνθρώπων. εἴποι δ' ἄν τις ὡς ἐχρῆν αὐτοὺς μὴ ἐᾶν λέγειν πάντας ἐξ ἴσης μηδὲ βουλεύειν, ἀλλὰ τοὺς δεξιωτάτους καὶ ἄνδρας ἀρίστους. οἱ δὲ καὶ ἐν τούτῳ ἄριστα βουλεύονται ἐῶντες καὶ τοὺς πονηροὺς λέγειν. εἰ μὲν γὰρ οἱ χρηστοὶ ἔλεγον

καὶ ἐβουλεύοντο, τοῖς ὁμοίοις σφίσιν αὐτοῖς ἦν ἀγαθά, τοῖς δὲ δημοτικοῖς οὐκ ἀγαθά· νῦν δὲ λέγων ὁ βουλόμενος ἀναστάς, ἄνθρωπος πονηρός, ἐξευρίσκει τὸ ἀγαθὸν αὐτῷ τε καὶ τοῖς ὁμοίοις αὐτῷ. εἴποι τις ἄν, τί ἂν οὖν γνοίη ἀγαθὸν αὐτῷ ἢ τῷ δήμῳ τοιοῦτος ἄνθρωπος; οἱ δὲ γιγνώσκουσιν ὅτι ἡ τούτου ἀμαθία καὶ πονηρία καὶ εὔνοια μᾶλλον λυσιτελεῖ ἢ ἡ τοῦ χρηστοῦ ἀρετὴ καὶ σοφία καὶ κακόνοια. εἴη μὲν οὖν ἂν πόλις οὐκ ἀπὸ τοιούτων διαιτημάτων ἡ βελτίστη, ἀλλ' ἡ δημοκρατία μάλιστ' ἂν σῴζοιτο οὕτως. ὁ γὰρ δῆμος βούλεται οὐκ, εὐνομουμένης τῆς πόλεως, αὐτὸς δουλεύειν, ἀλλ' ἐλεύθερος εἶναι καὶ ἄρχειν, τῆς δὲ κακονομίας αὐτῷ ὀλίγον μέλει· ὃ γὰρ σὺ νομίζεις οὐκ εὐνομεῖσθαι, αὐτὸς ἀπὸ τούτου ἰσχύει ὁ δῆμος καὶ ἐλεύθερός ἐστιν. εἰ δ' εὐνομίαν ζητεῖς, πρῶτα μὲν ὄψει τοὺς δεξιωτάτους αὐτοῖς τοὺς νόμους τιθέντας· ἔπειτα κολάσουσιν οἱ χρηστοὶ τοὺς πονηροὺς καὶ βουλεύσουσιν οἱ χρηστοὶ περὶ τῆς πόλεως καὶ οὐκ ἐάσουσι μαινομένους ἀνθρώπους βουλεύειν οὐδὲ λέγειν οὐδὲ ἐκκλησιάζειν. ἀπὸ τούτων τοίνυν τῶν ἀγαθῶν τάχιστ' ἂν ὁ δῆμος εἰς δουλείαν καταπέσοι.

Τῶν δούλων δ' αὖ καὶ τῶν μετοίκων πλείστη ἐστὶν Ἀθήνησιν ἀκολασία, καὶ οὔτε πατάξαι ἔξεστιν αὐτόθι οὔτε ὑπεκστήσεταί σοι ὁ δοῦλος. οὗ δ' ἕνεκέν ἐστι τοῦτο ἐπιχώριον, ἐγὼ φράσω· εἰ νόμος ἦν τὸν δοῦλον ὑπὸ τοῦ ἐλευθέρου τύπτεσθαι ἢ τὸν μέτοικον ἢ τὸν ἀπελεύθερον, πολλάκις ἂν οἰηθεὶς εἶναι τὸν Ἀθηναῖον δοῦλον ἐπάταξεν ἄν· ἐσθῆτά τε γὰρ οὐδὲν βελτίων ὁ δῆμος αὐτόθι ἢ οἱ δοῦλοι καὶ οἱ μέτοικοι, καὶ τὰ εἴδη οὐδὲν βελτίους εἰσίν. εἰ δέ τις καὶ τοῦτο θαυμάζει, ὅτι ἐῶσι τοὺς δούλους τρυφᾶν αὐτόθι καὶ μεγαλοπρεπῶς διαιτᾶσθαι ἐνίους, καὶ τοῦτο γνώμῃ φανεῖεν ἂν ποιοῦντες. ὅπου γὰρ ναυτικὴ δύναμίς ἐστιν, ἀπὸ χρημάτων ἀνάγκη τοῖς ἀνδραπόδοις δουλεύειν, ἵνα †λαμβάνων μὲν πράττῃ† τὰς ἀποφοράς, καὶ ἐλευθέρους ἀφιέναι· ὅπου δ' εἰσὶ πλούσιοι δοῦλοι, οὐκέτι ἐνταῦθα λυσιτελεῖ τὸν ἐμὸν δοῦλον σὲ δεδιέναι· ἐν δὲ τῇ Λακεδαίμονι ὁ ἐμὸς δοῦλος σ' ἐδεδοίκει· ἐὰν δὲ δεδίῃ ὁ σὸς δοῦλος ἐμέ, κινδυνεύσει καὶ τὰ χρήματα διδόναι τὰ ἑαυτοῦ ὥστε μὴ κινδυνεύειν περὶ ἑαυτοῦ. διὰ τοῦτ' οὖν ἰσηγορίαν καὶ τοῖς δούλοις πρὸς τοὺς ἐλευθέρους ἐποιήσαμεν, καὶ τοῖς μετοίκοις πρὸς τοὺς ἀστούς, διότι δεῖται ἡ πόλις μετοίκων διά τε τὸ πλῆθος τῶν τεχνῶν καὶ διὰ τὸ ναυτικόν· διὰ τοῦτο οὖν καὶ τοῖς μετοίκοις εἰκότως τὴν ἰσηγορίαν ἐποιήσαμεν.

Τοὺς δὲ γυμναζομένους αὐτόθι καὶ τὴν μουσικὴν ἐπιτηδεύοντας καταλέλυκεν ὁ δῆμος νομίζων τοῦτο †οὐ καλὸν εἶναι, γνοὺς ὅτι οὔ† δυνατὰ ταῦτά ἐστιν ἐπιτηδεύειν. ἐν ταῖς χορηγίαις αὖ καὶ γυμνασιαρχίαις καὶ τριηραρχίαις γιγνώσκουσιν ὅτι χορηγοῦσι μὲν οἱ πλούσιοι, χορηγεῖται δὲ ὁ δῆμος, καὶ γυμνασιαρχοῦσιν οἱ πλούσιοι, ὁ δὲ δῆμος τριηραρχεῖται καὶ γυμνασιαρχεῖται. ἀξιοῖ γοῦν ἀργύριον λαμβάνειν ὁ δῆμος καὶ ᾄδων καὶ τρέχων καὶ ὀρχούμενος καὶ πλέων ἐν ταῖς ναυσίν, ἵνα αὐτός τε ἔχῃ καὶ οἱ πλούσιοι πενέστεροι γίγνωνται· ἔν τε τοῖς δικαστηρίοις οὐ τοῦ δικαίου αὐτοῖς μᾶλλον μέλει ἢ τοῦ αὑτοῖς συμφόρου.

14 Περὶ δὲ τῶν συμμάχων, ὅτι ἐκπλέοντες συκοφαντοῦσιν, ὡς δοκοῦσι, καὶ μισοῦσι τοὺς χρηστούς—γιγνώσκοντες ὅτι μισεῖσθαι μὲν ἀνάγκη τὸν ἄρχοντα ὑπὸ τοῦ ἀρχομένου, εἰ δὲ ἰσχύσουσιν οἱ πλούσιοι καὶ χρηστοὶ ἐν ταῖς πόλεσιν, ὀλίγιστον χρόνον ἡ ἀρχὴ ἔσται τοῦ δήμου τοῦ Ἀθήνησι—διὰ ταῦτα οὖν τοὺς μὲν χρηστοὺς ἀτιμοῦσι καὶ χρήματα ἀφαιροῦνται καὶ ἐξελαύνονται καὶ ἀποκτείνουσι, τοὺς δὲ πονηροὺς αὔξουσιν. οἱ δὲ χρηστοὶ Ἀθηναίων τοὺς χρηστοὺς ἐν ταῖς συμμαχίσι πόλεσι σῴζουσι, γιγνώσκοντες ὅτι σφίσιν ἀγαθόν ἐστι τοὺς βελτίστους
15 σῴζειν ἀεὶ ἐν ταῖς πόλεσιν. εἴποι δέ τις ἂν ὅτι ἰσχύς ἐστιν αὕτη Ἀθηναίων, ἐὰν οἱ σύμμαχοι δυνατοὶ ὦσι χρήματα εἰσφέρειν· τοῖς δὲ δημοτικοῖς δοκεῖ μεῖζον ἀγαθὸν εἶναι τὰ τῶν συμμάχων χρήματα ἕνα ἕκαστον Ἀθηναίων ἔχειν, ἐκείνους δὲ ὅσον ζῆν, καὶ ἐργάζεσθαι ἀδυνάτους ὄντας ἐπιβουλεύειν.

16 Δοκεῖ δὲ ὁ δῆμος ὁ Ἀθηναίων καὶ ἐν τῷδε κακῶς βουλεύεσθαι, ὅτι τοὺς συμμάχους ἀναγκάζουσι πλεῖν ἐπὶ δίκας Ἀθήναζε. οἱ δὲ ἀντιλογίζονται ὅσα ἐν τούτῳ ἔνι ἀγαθὰ τῷ δήμῳ τῷ Ἀθηναίων· πρῶτον μὲν ἀπὸ τῶν πρυτανείων τὸν μισθὸν δι' ἐνιαυτοῦ λαμβάνειν· εἶτ' οἴκοι καθήμενοι ἄνευ νεῶν ἔκπλου διοικοῦσι τὰς πόλεις τὰς συμμαχίδας, καὶ τοὺς μὲν τοῦ δήμου σῴζουσι, τοὺς δ' ἐναντίους ἀπολλύουσιν ἐν τοῖς δικαστηρίοις· εἰ δὲ οἴκοι εἶχον ἕκαστοι τὰς δίκας, ἅτε ἀχθόμενοι Ἀθηναίοις τούτους ἂν σφῶν αὐτῶν ἀπώλλυσαν οἵτινες φίλοι
17 μάλιστα ἦσαν Ἀθηναίων τῷ δήμῳ. πρὸς δὲ τούτοις ὁ δῆμος τῶν Ἀθηναίων τάδε κερδαίνει τῶν δικῶν Ἀθήνησιν οὐσῶν τοῖς συμμάχοις· πρῶτον μὲν γὰρ ἡ ἑκατοστὴ τῇ πόλει πλείων ἡ ἐν Πειραιεῖ· ἔπειτα εἴ τῳ συνοικία ἐστίν, ἄμεινον πράττει· ἔπειτα εἴ τῳ ζεῦγός ἐστιν ἢ ἀνδράποδον μισθοφοροῦν· ἔπειτα οἱ κήρυκες ἄμεινον πράττουσι διὰ τὰς ἐπιδημίας τὰς τῶν
18 συμμάχων. πρὸς δὲ τούτοις, εἰ μὲν μὴ ἐπὶ δίκας ᾖσαν οἱ σύμμαχοι, τοὺς ἐκπλέοντας Ἀθηναίων ἐτίμων ἂν μόνους, τούς τε στρατηγοὺς καὶ τοὺς τριηράρχους καὶ πρέσβεις· νῦν δ' ἠνάγκασται τὸν δῆμον κολακεύειν τὸν Ἀθηναίων εἷς ἕκαστος τῶν συμμάχων, γιγνώσκων ὅτι δεῖ μὲν ἀφικόμενον Ἀθήναζε

I

δίκην δοῦναι καὶ λαβεῖν οὐκ ἐν ἄλλοις τισὶν ἀλλ' ἐν τῷ δήμῳ, ὅς ἐστι δὴ νόμος Ἀθήνησι· καὶ ἀντιβολῆσαι ἀναγκάζεται ἐν τοῖς δικαστηρίοις καὶ εἰσιόντος του ἐπιλαμβάνεσθαι τῆς χειρός. διὰ τοῦτο οὖν οἱ σύμμαχοι δοῦλοι τοῦ δήμου τῶν Ἀθηναίων καθεστᾶσι μᾶλλον.

19 Πρὸς δὲ τούτοις διὰ τὴν κτῆσιν τὴν ἐν τοῖς ὑπερορίοις καὶ διὰ τὰς ἀρχὰς τὰς εἰς τὴν ὑπερορίαν λελήθασι μανθάνοντες ἐλαύνειν τῇ κώπῃ αὐτοί τε καὶ οἱ ἀκόλουθοι· ἀνάγκη γὰρ ἄνθρωπον πολλάκις πλέοντα κώπην λαβεῖν καὶ αὐτὸν καὶ τὸν
20 οἰκέτην, καὶ ὀνόματα μαθεῖν τὰ ἐν τῇ ναυτικῇ· καὶ κυβερνῆται ἀγαθοὶ γίγνονται δι' ἐμπειρίαν τε τῶν πλόων καὶ διὰ μελέτην· ἐμελέτησαν δὲ οἱ μὲν πλοῖον κυβερνῶντες, οἱ δὲ ὁλκάδα, οἱ δ' ἐντεῦθεν ἐπὶ τριήρεσι κατέστησαν· οἱ δὲ πολλοὶ ἐλαύνειν εὐθέως οἷοί τε εἰσβάντες εἰς ναῦς, ἅτε ἐν παντὶ τῷ βίῳ προμεμελετηκότες.

II

1 Τὸ δὲ ὁπλιτικὸν αὐτοῖς, ὃ ἥκιστα δοκεῖ εὖ ἔχειν Ἀθήνησιν, οὕτω καθέστηκεν, καὶ τῶν μὲν πολεμίων ἥττους τε σφᾶς αὐτοὺς ἡγοῦνται εἶναι καὶ ὀλείζους, τῶν δὲ συμμάχων οἳ φέρουσι τὸν φόρον καὶ κατὰ γῆν κρείττους, καὶ νομίζουσι τὸ
2 ὁπλιτικὸν ἀρκεῖν εἰ τῶν συμμάχων κρείττονές εἰσι. πρὸς δὲ καὶ κατὰ τύχην τι αὐτοῖς τοιοῦτον καθέστηκε· τοῖς μὲν κατὰ γῆν ἀρχομένοις οἷόν τ' ἐστὶν ἐκ μικρῶν πόλεων συνοικισθέντας ἀθρόους μάχεσθαι· τοῖς δὲ κατὰ θάλατταν ἀρχομένοις, ὅσοι νησιῶταί εἰσιν, οὐχ οἷόν τε συνάρασθαι εἰς τὸ αὐτὸ τὰς πόλεις· ἡ γὰρ θάλαττα ἐν τῷ μέσῳ, οἱ δὲ κρατοῦντες θαλασσοκράτορές εἰσιν· εἰ δ' οἷόν τε καὶ λαθεῖν συνελθοῦσιν εἰς ταὐτὸ τοῖς
3 νησιώταις εἰς μίαν νῆσον, ἀπολοῦνται λιμῷ· ὁπόσαι δ' ἐν τῇ ἠπείρῳ εἰσὶ πόλεις ὑπὸ τῶν Ἀθηναίων ἀρχόμεναι, αἱ μὲν μεγάλαι διὰ δέος ἄρχονται, αἱ δὲ μικραὶ πάνυ διὰ χρείαν· οὐ γὰρ ἔστι πόλις οὐδεμία ἥτις οὐ δεῖται εἰσάγεσθαί τι ἢ ἐξάγεσθαι· ταῦτα τοίνυν οὐκ ἔσται αὐτῇ, ἐὰν μὴ ὑπήκοος ᾖ
4 τῶν ἀρχόντων τῆς θαλάττης. ἔπειτα δὲ τοῖς ἄρχουσι τῆς θαλάττης οἷόν τ' ἐστὶ ποιεῖν, ἅπερ τοῖς τῆς γῆς ἐνίοτε, τέμνειν τὴν γῆν τῶν κρειττόνων· παραπλεῖν γὰρ ἔξεστιν ὅπου ἂν μηδεὶς ᾖ πολέμιος ἢ ὅπου ἂν ὀλίγοι, ἐὰν δὲ προσίωσιν, ἀναβάντα ἀποπλεῖν· καὶ τοῦτο ποιῶν ἧττον ἀπορεῖ ἢ ὁ πεζῇ παραβοηθῶν.
5 ἔπειτα δὲ τοῖς μὲν κατὰ θάλατταν ἄρχουσιν οἷόν τε ἀποπλεῦσαι ἀπὸ τῆς σφετέρας αὐτῶν ὁπόσον βούλει πλοῦν, τοῖς δὲ κατὰ γῆν οὐχ οἷόν τε ἀπὸ τῆς σφετέρας αὐτῶν ἀπελθεῖν πολλῶν ἡμερῶν ὁδόν· βραδεῖαί τε γὰρ αἱ πορεῖαι καὶ σῖτον οὐχ

II

6 οἷόν τε ἔχειν πολλοῦ χρόνου πεζῇ ἰόντα· καὶ τὸν μὲν πεζῇ ἰόντα δεῖ διὰ φιλίας ἰέναι ἢ νικᾶν μαχόμενον, τὸν δὲ πλέοντα, οὗ μὲν ἂν ᾖ κρείττων, ἔξεστιν ἀποβῆναι ... ταύτης τῆς γῆς, ἀλλὰ παραπλεῦσαι, ἕως ἂν ἐπὶ φιλίαν χώραν ἀφίκηται ἢ ἐπὶ ἥττους αὐτοῦ. ἔπειτα νόσους τῶν καρπῶν αἳ ἐκ Διός εἰσιν, οἱ μὲν κατὰ γῆν κράτιστοι χαλεπῶς φέρουσιν, οἱ δὲ κατὰ θάλατταν ῥᾳδίως· οὐ γὰρ ἅμα πᾶσα γῆ νοσεῖ, ὥστε ἐκ τῆς εὐθενούσης ἀφικνεῖται τοῖς τῆς θαλάττης ἄρχουσιν.

7 Εἰ δὲ δεῖ καὶ σμικροτέρων μνησθῆναι, διὰ τὴν ἀρχὴν τῆς θαλάττης πρῶτον μὲν τρόπους εὐωχιῶν ἐξηῦρον ἐπιμισγόμενοι ἄλλῃ ἄλλοις· ὅ τι ἐν Σικελίᾳ ἡδὺ ἢ ἐν Ἰταλίᾳ ἢ ἐν Κύπρῳ ἢ ἐν Αἰγύπτῳ ἢ ἐν Λυδίᾳ ἢ ἐν τῷ Πόντῳ ἢ ἐν Πελοποννήσῳ ἢ ἄλλοθί που, ταῦτα πάντα εἰς ἓν ἤθροισται διὰ τὴν ἀρχὴν τῆς

8 θαλάττης. ἔπειτα φωνὴν πᾶσαν ἀκούοντες ἐξελέξαντο τοῦτο μὲν ἐκ τῆς, τοῦτο δὲ ἐκ τῆς· καὶ οἱ μὲν Ἕλληνες ἰδίᾳ μᾶλλον καὶ φωνῇ καὶ διαίτῃ καὶ σχήματι χρῶνται, Ἀθηναῖοι δὲ κεκραμένῃ ἐξ ἁπάντων τῶν Ἑλλήνων καὶ βαρβάρων.

9 Θυσίας δὲ καὶ ἱερὰ καὶ ἑορτὰς καὶ τεμένη, γνοὺς ὁ δῆμος ὅτι οὐχ οἷόν τέ ἐστιν ἑκάστῳ τῶν πενήτων θύειν καὶ εὐωχεῖσθαι καὶ ἵστασθαι ἱερὰ καὶ πόλιν οἰκεῖν καλὴν καὶ μεγάλην, ἐξηῦρεν ὅτῳ τρόπῳ ἔσται ταῦτα. θύουσιν οὖν δημοσίᾳ μὲν ἡ πόλις ἱερεῖα πολλά· ἔστι δὲ ὁ δῆμος ὁ εὐωχούμενος καὶ διαλαγχάνων τὰ

10 ἱερεῖα. καὶ γυμνάσια καὶ λουτρὰ καὶ ἀποδυτήρια τοῖς μὲν πλουσίοις ἔστιν ἰδίᾳ ἐνίοις, ὁ δὲ δῆμος αὐτὸς αὑτῷ οἰκοδομεῖται ἰδίᾳ παλαίστρας πολλάς, ἀποδυτήρια, λουτρῶνας· καὶ πλείω τούτων ἀπολαύει ὁ ὄχλος ἢ οἱ ὀλίγοι καὶ οἱ εὐδαίμονες.

11 Τὸν δὲ πλοῦτον μόνοι οἷοί τ' εἰσὶν ἔχειν τῶν Ἑλλήνων καὶ τῶν βαρβάρων. εἰ γάρ τις πόλις πλουτεῖ ξύλοις ναυπηγησίμοις, ποῖ διαθήσεται, ἐὰν μὴ πείσῃ τοὺς ἄρχοντας τῆς θαλάττης; τί δ' εἴ τις σιδήρῳ ἢ χαλκῷ ἢ λίνῳ πλουτεῖ πόλις, ποῖ διαθήσεται, ἐὰν μὴ πείσῃ τοὺς ἄρχοντας τῆς θαλάττης; ἐξ αὐτῶν μέντοι τούτων καὶ δὴ νῆές μοί εἰσι, παρὰ μὲν τοῦ ξύλα, παρὰ δὲ τοῦ σίδηρος, παρὰ δὲ τοῦ χαλκός, παρὰ δὲ τοῦ λίνον, παρὰ δὲ τοῦ

12 κηρός. πρὸς δὲ τούτοις ἄλλοσε ἄγειν οὐκ ἐάσουσιν οἵ τινες ἀντίπαλοι ἡμῖν εἰσιν ἢ οὐ χρήσονται τῇ θαλάττῃ. καὶ ἐγὼ μὲν οὐδὲν ποιῶν ἐκ τῆς γῆς πάντα ταῦτα ἔχω διὰ τὴν θάλατταν, ἄλλη δ' οὐδεμία πόλις δύο τούτων ἔχει· οὐδ' ἔστι τῇ αὐτῇ ξύλα καὶ λίνον, ἀλλ' ὅπου λίνον ἐστὶ πλεῖστον, λεία χώρα καὶ ἄξυλος· οὐδὲ χαλκὸς καὶ σίδηρος ἐκ τῆς αὐτῆς πόλεως οὐδὲ τἆλλα δύο ἢ τρία μιᾷ πόλει, ἀλλὰ τὸ μὲν τῇ, τὸ δὲ τῇ.

13 Ἔτι δὲ πρὸς τούτοις παρὰ πᾶσαν ἤπειρόν ἐστιν ἢ ἀκτὴ προὔχουσα ἢ νῆσος προκειμένη ἢ στενόπορόν τι· ὥστε ἔξεστιν

ἐνταῦθα ἐφορμοῦσι τοῖς τῆς θαλάττης ἄρχουσι λωβᾶσθαι τοὺς τὴν ἤπειρον οἰκοῦντας.

Ἑνὸς δὲ ἐνδεεῖς εἰσιν· εἰ γὰρ νῆσον οἰκοῦντες θαλασσοκράτορες ἦσαν Ἀθηναῖοι, ὑπῆρχεν ἂν αὐτοῖς ποιεῖν μὲν κακῶς, εἰ ἠβούλοντο, πάσχειν δὲ μηδέν, ἕως τῆς θαλάττης ἦρχον, μηδὲ τμηθῆναι τὴν ἑαυτῶν γῆν μηδὲ προσδέχεσθαι τοὺς πολεμίους· νῦν δὲ οἱ γεωργοῦντες καὶ οἱ πλούσιοι Ἀθηναίων ὑπέρχονται τοὺς πολεμίους μᾶλλον, ὁ δὲ δῆμος, ἅτε εὖ εἰδὼς ὅτι οὐδὲν τῶν σφῶν ἐμπρήσουσιν οὐδὲ τεμοῦσιν, ἀδεῶς ζῇ καὶ οὐχ ὑπερχόμενος αὐτούς. πρὸς δὲ τούτοις καὶ ἑτέρου δέους ἀπηλλαγμένοι ἂν ἦσαν, εἰ νῆσον ᾤκουν, μηδέποτε προδοθῆναι τὴν πόλιν ὑπ' ὀλίγων μηδὲ πύλας ἀνοιχθῆναι μηδὲ πολεμίους ἐπεισπεσεῖν· πῶς γὰρ νῆσον οἰκούντων ταῦτ' ἂν ἐγίγνετο; μηδ' αὖ στασιάσαι τῷ δήμῳ μηδένα, εἰ νῆσον ᾤκουν· νῦν μὲν γὰρ εἰ στασιάσαιεν, ἐλπίδα ἂν ἔχοντες ἐν τοῖς πολεμίοις στασιάσειαν ὡς κατὰ γῆν ἐπαξόμενοι· εἰ δὲ νῆσον ᾤκουν, καὶ ταῦτ' ἂν ἀδεῶς εἶχεν αὐτοῖς. ἐπειδὴ οὖν ἐξ ἀρχῆς οὐκ ἔτυχον οἰκήσαντες νῆσον, νῦν τάδε ποιοῦσι· τὴν μὲν οὐσίαν ταῖς νήσοις παρατίθενται πιστεύοντες τῇ ἀρχῇ τῇ κατὰ θάλατταν, τὴν δὲ Ἀττικὴν γῆν περιορῶσι τεμνομένην, γιγνώσκοντες ὅτι εἰ αὐτὴν ἐλεήσουσιν, ἑτέρων ἀγαθῶν μειζόνων στερήσονται.

Ἔτι δὲ συμμαχίας καὶ τοὺς ὅρκους ταῖς μὲν ὀλιγαρχουμέναις πόλεσιν ἀνάγκη ἐμπεδοῦν· ἢν δὲ μὴ ἐμμένωσι ταῖς συνθήκαις ἢ ὑπό του ἀδικῇ, ὀνόματα ἀπὸ τῶν ὀλίγων οἳ συνέθεντο· ἅσσα δ' ἂν ὁ δῆμος σύνθηται, ἔξεστιν αὐτῷ, ἑνὶ ἀνατιθέντι τὴν αἰτίαν τῷ λέγοντι καὶ τῷ ἐπιψηφίσαντι, ἀρνεῖσθαι τοῖς ἄλλοις ὅτι οὐ παρῆν οὐδὲ ἀρέσκει οἵ γε τὰ συγκείμενα πυνθάνονται ἐν πλήρει τῷ δήμῳ· καὶ εἰ μὴ δόξαι εἶναι ταῦτα, προφάσεις μυρίας ἐξηύρηκε τοῦ μὴ ποιεῖν ὅσα ἂν μὴ βούλωνται. καὶ ἂν μέν τι κακὸν ἀναβαίνῃ ἀπὸ ὧν ὁ δῆμος ἐβούλευσεν, αἰτιᾶται ὁ δῆμος ὡς ὀλίγοι ἄνθρωποι αὐτῷ ἀντιπράττοντες διέφθειραν· ἐὰν δέ τι ἀγαθόν, σφίσιν αὐτοῖς τὴν αἰτίαν ἀνατιθέασι. κωμῳδεῖν δ' αὖ καὶ κακῶς λέγειν τὸν μὲν δῆμον οὐκ ἐῶσιν, ἵνα μὴ αὐτοὶ ἀκούωσι κακῶς· ἰδίᾳ δὲ κελεύουσιν, εἴ τίς τινα βούλεται, εὖ εἰδότες ὅτι οὐχὶ τοῦ δήμου ἐστὶν οὐδὲ τοῦ πλήθους ὁ κωμῳδούμενος ὡς ἐπὶ τὸ πολύ, ἀλλ' ἢ πλούσιος ἢ γενναῖος ἢ δυνάμενος, ὀλίγοι δέ τινες τῶν πενήτων καὶ τῶν δημοτικῶν κωμῳδοῦνται, καὶ οὐδ' οὗτοι ἐὰν μὴ διὰ πολυπραγμοσύνην καὶ διὰ τὸ ζητεῖν πλέον τι ἔχειν τοῦ δήμου, ὥστε οὐδὲ τοὺς τοιούτους ἄχθονται κωμῳδουμένους. φημὶ οὖν ἔγωγε τὸν δῆμον τὸν Ἀθήνησι γιγνώσκειν οἵτινες χρηστοί εἰσι τῶν πολιτῶν καὶ οἵτινες πονηροί· γιγνώσκοντες δὲ τοὺς μὲν

σφίσιν αὐτοῖς ἐπιτηδείους καὶ συμφόρους φιλοῦσι, κἂν πονηροὶ ὦσι, τοὺς δὲ χρηστοὺς μισοῦσι μᾶλλον· οὐ γὰρ νομίζουσι τὴν ἀρετὴν αὐτοῖς πρὸς τῷ σφετέρῳ ἀγαθῷ πεφυκέναι, ἀλλ' ἐπὶ τῷ κακῷ· καὶ τοὐναντίον γε τούτου ἔνιοι, ὄντες ὡς ἀληθῶς τοῦ
20 δήμου, τὴν φύσιν οὐ δημοτικοί εἰσι. δημοκρατίαν δ' ἐγὼ μὲν αὐτῷ τῷ δήμῳ συγγιγνώσκω· αὐτὸν μὲν γὰρ εὖ ποιεῖν παντὶ συγγνώμη ἐστίν· ὅστις δὲ μὴ ὢν τοῦ δήμου εἵλετο ἐν δημοκρατουμένῃ πόλει οἰκεῖν μᾶλλον ἢ ἐν ὀλιγαρχουμένῃ, ἀδικεῖν παρεσκευάσατο καὶ ἔγνω ὅτι μᾶλλον οἷόν τε διαλαθεῖν κακῷ ὄντι ἐν δημοκρατουμένῃ πόλει μᾶλλον ἢ ἐν ὀλιγαρχουμένῃ.

III

1 Καὶ περὶ τῆς Ἀθηναίων πολιτείας, τὸν μὲν τρόπον οὐκ ἐπαινῶ· ἐπειδὴ δ' ἔδοξεν αὐτοῖς δημοκρατεῖσθαι, εὖ μοι δοκοῦσι διασῴζεσθαι τὴν δημοκρατίαν τούτῳ τῷ τρόπῳ χρώμενοι ᾧ ἐγὼ ἐπέδειξα.
Ἔτι δὲ καὶ τάδε τινὰς ὁρῶ μεμφομένους Ἀθηναίους ὅτι ἐνίοτε οὐκ ἔστιν αὐτόθι χρηματίσαι τῇ βουλῇ οὐδὲ τῷ δήμῳ ἐνιαυτὸν καθημένῳ ἀνθρώπῳ. καὶ τοῦτο Ἀθήνησι γίγνεται οὐδὲν δι' ἄλλο ἢ <διότι> διὰ τὸ πλῆθος τῶν πραγμάτων οὐχ οἷοί
2 τε πάντας ἀποπέμπειν εἰσὶ χρηματίσαντες. πῶς γὰρ ἂν καὶ οἷοί τε εἶεν, οὕστινας πρῶτον μὲν δεῖ ἑορτάσαι ἑορτὰς ὅσας οὐδεμία τῶν Ἑλληνίδων πόλεων (ἐν δὲ ταύταις ἧττόν τινα δυνατόν ἐστι διαπράττεσθαι τῶν τῆς πόλεως), ἔπειτα δὲ δίκας καὶ γραφὰς καὶ εὐθύνας ἐκδικάζειν ὅσας οὐδ' οἱ σύμπαντες ἄνθρωποι ἐκδικάζουσι, τὴν δὲ βουλὴν βουλεύεσθαι πολλὰ μὲν περὶ τοῦ πολέμου, πολλὰ δὲ περὶ πόρου χρημάτων, πολλὰ δὲ περὶ νόμων θέσεως, πολλὰ δὲ περὶ τῶν κατὰ πόλιν ἀεὶ γιγνομένων, πολλὰ δὲ καὶ τοῖς συμμάχοις, καὶ φόρον δέξασθαι καὶ νεωρίων ἐπιμεληθῆναι καὶ ἱερῶν; ἆρα δή τι θαυμαστόν ἐστιν, εἰ τοσούτων ὑπαρχόντων πραγμάτων μὴ οἷοί τ' εἰσὶ πᾶσιν
3 ἀνθρώποις χρηματίσαι; λέγουσι δέ τινες, ἤν τις ἀργύριον ἔχων προσίῃ πρὸς βουλὴν ἢ δῆμον, χρηματιεῖται. ἐγὼ δὲ τούτοις ὁμολογήσαιμ' ἂν ἀπὸ χρημάτων πολλὰ διαπράττεσθαι Ἀθήνησι, καὶ ἔτι ἂν πλείω διαπράττεσθαι, εἰ πλείους ἔτι ἐδίδοσαν ἀργύριον· τοῦτο μέντοι εὖ οἶδα, διότι πᾶσι διαπρᾶξαι ἡ πόλις τῶν δεομένων οὐχ ἱκανή, οὐδ' εἰ ὁποσονοῦν χρυσίον καὶ ἀργύριον
4 διδοίη τις αὐτοῖς. δεῖ δὲ καὶ τάδε διαδικάζειν, εἴ τις τὴν ναῦν μὴ ἐπισκευάζει ἢ κατοικοδομεῖ τι δημόσιον· πρὸς δὲ τούτοις χορηγοῖς διαδικάσαι εἰς Διονύσια καὶ Θαργήλια καὶ Παναθήναια καὶ Προμήθια καὶ Ἡφαίστια ὅσα ἔτη· καὶ

τριήραρχοι καθίστανται τετρακόσιοι ἑκάστου ἐνιαυτοῦ, καὶ τούτων τοῖς βουλομένοις διαδικάσαι ὅσα ἔτη· πρὸς δὲ τούτοις ἀρχὰς δοκιμάσαι καὶ διαδικάσαι καὶ ὀρφανοὺς δοκιμάσαι καὶ φύλακας δεσμωτῶν καταστῆσαι. ταῦτα μὲν οὖν ὅσα ἔτη.

5 διὰ χρόνου <δὲ> διαδικάσαι δεῖ ἀστρατείας καὶ ἐάν τι ἄλλο ἐξαπιναῖον ἀδίκημα γίγνηται, ἐάν τε ὑβρίζωσί τινες ἄηθες ὕβρισμα ἐάν τε ἀσεβήσωσι. πολλὰ ἔτι πάνυ παραλείπω· τὸ δὲ μέγιστον εἴρηται πλὴν αἱ τάξεις τοῦ φόρου· τοῦτο δὲ γίγνεται

6 ὡς τὰ πολλὰ δι' ἔτους πέμπτου. φέρε δὴ τοίνυν, ταῦτα οὐκ οἴεσθαι <χρὴ> χρῆναι διαδικάζειν ἅπαντα; εἰπάτω γάρ τις ὅ τι οὐ χρῆν αὐτόθι διαδικάζεσθαι. εἰ δ' αὖ ὁμολογεῖν δεῖ ἅπαντα χρῆναι διαδικάζειν, ἀνάγκη δι' ἐνιαυτοῦ, ὡς οὐδὲ νῦν δι' ἐνιαυτοῦ δικάζοντες ὑπάρχουσιν ὥστε παύειν τοὺς ἀδικοῦντας

7 ὑπὸ τοῦ πλήθους τῶν ἀνθρώπων. φέρε δή, ἀλλὰ φήσει τις χρῆναι δικάζειν μέν, ἐλάττους δὲ δικάζειν. ἀνάγκη τοίνυν, ἐὰν μὴ ὀλίγα ποιῶνται δικαστήρια, ὀλίγοι ἐν ἑκάστῳ ἔσονται τῷ δικαστηρίῳ, ὥστε καὶ διασκευάσασθαι ῥᾴδιον ἔσται πρὸς ὀλίγους δικαστὰς καὶ συνδεκάσαι, πολὺ ἧττον <δὲ> δικαίως

8 δικάζειν. πρὸς δὲ τούτοις οἴεσθαι χρὴ καὶ ἑορτὰς ἄγειν χρῆναι Ἀθηναίους ἐν αἷς οὐχ οἷόν τε δικάζειν. καὶ ἄγουσι μὲν ἑορτὰς διπλασίους ἢ οἱ ἄλλοι· ἀλλ' ἐγὼ μὲν τίθημι ἴσας τῇ ὀλιγίστας ἀγούσῃ πόλει. τούτων τοίνυν τοιούτων ὄντων οὔ φημι οἷόν τ' εἶναι ἄλλως ἔχειν τὰ πράγματα Ἀθήνησιν ἢ ὥσπερ νῦν ἔχει, πλὴν εἰ κατὰ μικρόν τι οἷόν τε τὸ μὲν ἀφελεῖν τὸ δὲ προσθεῖναι. πολὺ δ' οὐχ οἷόν τε μετακινεῖν, ὥστε μὴ οὐχὶ τῆς δημοκρατίας

9 ἀφαιρεῖν τι. ὥστε μὲν γὰρ βέλτιον ἔχειν τὴν πολιτείαν, οἷόν τε πολλὰ ἐξευρεῖν, ὥστε μέντοι ὑπάρχειν μὲν δημοκρατίαν εἶναι, ἀρκούντως δὲ τοῦτο ἐξευρεῖν, ὅπως δὴ βέλτιον πολιτεύσονται, οὐ ῥᾴδιον, πλήν, ὅπερ ἄρτι εἶπον, κατὰ μικρόν τι προσθέντα ἢ ἀφελόντα.

10 Δοκοῦσι δὲ Ἀθηναῖοι καὶ τοῦτό μοι οὐκ ὀρθῶς βουλεύεσθαι ὅτι τοὺς χείρους αἱροῦνται ἐν ταῖς πόλεσι ταῖς στασιαζούσαις. οἱ δὲ τοῦτο γνώμῃ ποιοῦσιν. εἰ μὲν γὰρ ᾑροῦντο τοὺς βελτίους, ᾑροῦντ' ἂν οὐχὶ τοὺς ταὐτὰ γιγνώσκοντας σφίσιν αὐτοῖς· ἐν οὐδεμιᾷ γὰρ πόλει τὸ βέλτιστον εὔνουν ἐστὶ τῷ δήμῳ, ἀλλὰ τὸ κάκιστον ἐν ἑκάστῃ ἐστὶ πόλει εὔνουν τῷ δήμῳ· οἱ γὰρ ὅμοιοι τοῖς ὁμοίοις εὔνοοί εἰσι. διὰ ταῦτα οὖν Ἀθηναῖοι τὰ σφίσιν αὐτοῖς

11 προσήκοντα αἱροῦνται. ὁποσάκις δ' ἐπεχείρησαν αἱρεῖσθαι τοὺς βελτίστους, οὐ συνήνεγκεν αὐτοῖς, ἀλλ' ἐντὸς ὀλίγου χρόνου ὁ δῆμος ἐδούλευσεν ὁ ἐν Βοιωτοῖς· τοῦτο δὲ ὅτε Μιλησίων εἵλοντο τοὺς βελτίστους, ἐντὸς ὀλίγου χρόνου ἀποστάντες τὸν δῆμον κατέκοψαν· τοῦτο δὲ ὅτε εἵλοντο Λακεδαιμονίους ἀντὶ

Μεσσηνίων, ἐντὸς ὀλίγου χρόνου Λακεδαιμόνιοι καταστρεψάμενοι Μεσσηνίους ἐπολέμουν Ἀθηναίοις.

12 Ὑπολάβοι δέ τις ἂν ὡς οὐδεὶς ἄρα ἀδίκως ἠτίμωται Ἀθήνησιν. ἐγὼ δέ φημί τινας εἶναι οἳ ἀδίκως ἠτίμωνται, ὀλίγοι μέντοι τινές. ἀλλ' οὐκ ὀλίγων δεῖ τῶν ἐπιθησομένων τῇ δημοκρατίᾳ τῇ Ἀθήνησιν· ἐπεί τοι καὶ οὕτως ἔχει, οὐ δεῖ ἐνθυμεῖσθαι ἀνθρώπους εἴ τινες δικαίως ἠτίμωνται, ἀλλ' εἴ

13 τινες ἀδίκως. πῶς ἂν οὖν ἀδίκως οἴοιτό τις ἂν τοὺς πολλοὺς ἠτιμῶσθαι Ἀθήνησιν, ὅπου ὁ δῆμός ἐστιν ὁ ἄρχων τὰς ἀρχάς; ἐκ δὲ τοῦ μὴ δικαίως ἄρχειν μηδὲ λέγειν τὰ δίκαια <μηδὲ> πράττειν, ἐκ τοιούτων ἄτιμοί εἰσιν Ἀθήνησι. ταῦτα χρὴ λογιζόμενον μὴ νομίζειν εἶναί τι δεινὸν ἀπὸ τῶν ἀτίμων Ἀθήνησιν.

Abbreviations

cf. compare (*confer*)
lit. literally
sc. understand, supply (*scilicet*)
s.v. under the lexicon entry (*sub voce*)
< is from

GP J.D. Denniston, *The Greek Particles* (Oxford 1954^2).
LSJ *A Greek-English Lexicon*, compiled by H.G. Liddell and R. Scott, new ed. rev. by H.S. Jones (Oxford 1940).
S H.W. Smyth, *Greek Grammar*, revised by G.M. Messing (Cambridge MA 1956).

COMMENTARY

I.1

περὶ δὲ τῆς 'Αθηναίων πολιτείας: The first words announce the theme of this work.

εἵλοντο ... οὐκ ἐπαινῶ διὰ τόδε ... ἑλόμενοι εἵλοντο ... διὰ μὲν οὖν τοῦτο οὐκ ἐπαινῶ: Verbal repetition of this kind shows a lack of literary artifice and is probably characteristic of everyday speech; cf. I.2, I.12, II.15-16.

εἵλοντο < αἱρέω: in middle voice "take for oneself," "choose."

πονηροὺς ... χρηστούς: regularly used as antonyms, here referring to social class. They have a range of meanings and applications which are difficult to capture in English; possible translations include "bad ... good," "disreputable ... respectable," "dishonourable ... noble" (see the index in Dover 327 s.v. *khrestos*, 328 s.v. *poneros*; Gomme 223).

ἄμεινον πράττειν: "to be more successful/more prosperous."

ὡς: "how," explaining the following τοῦτ(ο).

διασῴζονται ... διαπράττονται: The prefix δια- conveys thoroughness or successful completion (S 1648, 1680): "they preserve ... they carry out." The middle is used to show the special interest which the Athenians have in performing these actions.

ἅ: accusative of respect, "regarding which."

ἀποδείξω < ἀποδείκνυμι.

I.2

μὲν οὖν: commonly used in narrative to indicate a transition ("now": GP 470-473; S 2901.c), though above (I.1) both particles retain their usual force ("therefore, on the one hand").

ἐρῶ: used in Attic as the future of λέγω.

δίκαιοι: with ἔχειν, lit. "are just to have," i.e., "are justified in having"; but in English we prefer the impersonal construction, "it is just that they have" (S 944.a, 1982.a).

αὐτόθι: "in that place," "there," i.e., in Athens (so also I.2, I.11, III.6), suggesting that the treatise was not written in Athens.

οἱ πένητες καὶ ὁ δῆμος: καί is explanatory, introducing a clarification of the phrase οἱ πένητες: "the poor, that is/I mean, the people" (ὁ δῆμος is therefore repeated by itself in the next line).

οἱ κυβερνῆται ... οἱ κελευσταί ... οἱ πεντηκόνταρχοι ... οἱ πρῳρᾶται ... οἱ ναυπηγοί: "the steersmen ... the rowing officers [gave orders to the rowers] ... the commanders of fifty men [served under the

Constitution of the Athenians

trierarchs who personally financed the warships] ... the bow officers [mainly kept watch] ... the shipbuilders." The nouns are in explanatory apposition to ὁ δῆμος (S 988). The importance of naval power to Athens' prominence is made apparent here.

οὗτοι: begins a new sentence despite the absence of a connecting particle like δέ, γάρ, ἀλλά etc. ("asyndeton": S 2165.a).

ὁπλῖται: "heavy-armed infantrymen." To be a hoplite one needed sufficient wealth to afford the cost of the equipment: bronze shield, helmet, breastplate, greaves (worn on the lower legs), sword, and spear.

ἔχει + adverb (οὕτως) usually = "is/are x" rather than "hold x."

μετεῖναι: impersonal, lit. "there is a share," + dative of the person(s) sharing and genitive of the thing shared.

κλήρῳ: "allotment," the method used under Athenian democracy to select most of the city's officers; election (χειροτονία) was used for the appointment of high-ranking military officers.

λέγειν: i.e., to speak in the assembly.

τῷ βουλομένῳ τῶν πολιτῶν: "for any citizen who wishes."

I.3

ἔπειτα: "then," "next," "secondly," an artless form of connection which likely reflects colloquial usage; cf. I.4, I.17, II.4, II.5, II.6.

ὁπόσαι μέν: translate with τῶν ἀρχῶν, "all the offices which bring..." (lit. "how many of the offices ..."); answered by ὁπόσαι δέ.

κίνδυνον: sc. φέρουσι.

μέν: not followed by a corresponding δέ ("μέν solitarium": GP 380 and (ii) in 381; S 2898).

στρατηγιῶν ... ἱππαρχιῶν: There were no formal property qualifications for the offices of στρατηγός and ἵππαρχος, but since both required election by the *Ekklesia* (Assembly), experience and ability were needed; the cavalry commander also had to be wealthy enough to provide and maintain his own horse.

κλήρῳ: "by allotment."

σφισι: dative plural indirect reflexive pronoun (S 1228.b).

πλείω ὠφελεῖται: lit. "it is helped more," i.e., "it derives greater advantage." πλείω = πλείονα (S 293).

ἐν τῷ μὴ αὐτὸς ἄρχειν: dative articular infinitive, with subject nominative because it is subject of the main verb as well (S 1973).

ἄρχειν ταύτας τὰς ἀρχάς: cognate accusative (S 1563-1577), lit. "to rule these rules," i.e., "to hold these offices."

ἐᾶν: infinitive < ἐάω, "allow" (note circumflex).

ὠφελίας εἰς τὸν οἶκον: lit. "help with regard to their household," i.e., "personal/private advantage."

I.4

ὅ: "that which," "what," explained by the ὅτι-clause which follows.
πανταχοῦ: "in every sphere."
δημοτικοῖς: "the democrats."
αὐτῷ τούτῳ: "this very thing."
φανοῦνται ... διασῴζοντες: Distinguish φαίνομαι + participle ("be clearly doing x") from φαίνομαι + infinitive ("appear to be doing x").
χείρους = χείρονες (S 293). "Worse" is from the author's perspective, as are other terms of evaluation like βελτίστοις below (I.5).
εὖ πράττοντες: lit. "doing well," i.e., "when they are prospering/successful" (cf. I.1 ἄμεινον πράττειν).
πολλοί: predicative, as the placement of the article with τοιοῦτοι shows.
τὸ ἐναντίον: "the opposition."

I.5

τὸ βέλτιστον: "the best element," "the aristocracy."
τοῖς βελτίστοις: again, from the author's perspective.
ἔνι = ἔνεστι.
ἀταξία: "lack of discipline."
ἔνδειαν χρημάτων: lit. "lack of money," i.e., "poverty."

I.6

ἐχρῆν: imperfect < χρή.
αὐτούς: i.e., the Athenians.
λέγειν: sc. in the *Ekklesia*.
ἐξ ἴσης: "equally," "on an equal basis" (LSJ *s.v.* ἴσος III.2).
βουλεύειν: "to serve on the *Boule* (Council)."
οἱ δέ: "But they"; οἱ is a "relic" demonstrative pronoun, restricted in Attic Greek to certain formulae such as this one (S 1106-1117, esp. 1112).
καὶ ἐν τούτῳ: "in this case too."
σφίσιν αὐτοῖς: reflexive (S 1202.2.c, 1233-1234); translate with τοῖς ὁμοίοις.
ἦν: "it would be" (S 2313).
νῦν δέ: νῦν refers not strictly to time but to present realities as they contrast with a hypothetical situation: "as things stand," "as it is."
ὁ βουλόμενος: "anyone who wishes."
ἄνθρωπος πονηρός: "a worthless person"; ἄνθρωπος here conveys contempt (S 986.b).

I.7

οἱ δέ: the Athenians.
εὔνοια ... κακόνοια: The terms refer to respective positions on δημοκρατία, "good will" as opposed to "hostility."

I.8

μέν: answered by ἀλλ' in the next line (GP 5-7; S 2901.c, 2903, 2910).
ἀπό: "as a result of."
διαιτημάτων: "practices," "customs."
οὐκ: The usual negative with infinitives is μή, but after verbs of will or desire (here βούλεται) we normally find οὐ (S 2721, 2738).
εὐνομουμένης: "being well-governed."
μέλει: "there is a care to x (dative) for y (genitive)," "x cares for y." ὀλίγον is adverbial.

I.9

εὐνομίαν: i.e., aristocracy or rule by οἱ χρηστοί.
πρῶτα = πρῶτον, as often in adverbial sense.
ὄψει < ὁράω.
μαινομένους ἀνθρώπους: refers to οἱ πονηροί mentioned in the previous line.
τοίνυν: inferential, "therefore," "then" (GP 569; S 2987).

I.10

μετοίκων: "resident foreigners," "metics."
Ἀθήνησιν: locative form, "in Athens" (S 342, 1535).
πατάξαι: sc. slaves and metics.
ὑπεκστήσεται < ὑπεξίστημι: "stand aside for."
οὗ ... ἕνεκεν: lit. "because of what," i.e., "why."
ἐπιχώριον: "the custom" (lit. "characteristic of the region," "regional").
τὸν δοῦλον ... τὸν μέτοικον ... τὸν ἀπελεύθερον: "generic" articles, denoting classes of people (S 1122-1123).
ἀπελεύθερον: "freedman" (former slave).
ἄν ... ἄν: The first ἄν anticipates the second (S 1765.a).
οἰηθείς < οἴομαι.
δοῦλον: predicative.
ἐπάταξεν: sc. "him," i.e., the Athenian.
ἐσθῆτα ... τὰ εἴδη: accusatives of respect; εἴδη < εἶδος, neuter.
αὐτόθι: i.e., in Athens (see on I.2).

βελτίους = βελτίονες.

I.11

καὶ τοῦτο: "this too."
ἐῶσι < ἐάω (see I.3).
τρυφᾶν: "to live luxuriously."
μεγαλοπρεπῶς: "extravagantly," "magnificently."
ἐνίους: "some," i.e., of the δοῦλοι.
γνώμῃ: "with good reason."
φανεῖεν: third person plural aorist passive optative (see on I.4).
ἀπὸ χρημάτων: lit. "from money," i.e., "based/founded upon money" (LSJ s.v. ἀπό III.5).
δουλεύειν: here used metaphorically of Athenian citizens.
†λαμβάνων μὲν πράττῃ† τὰς ἀποφοράς: The daggers († ... †) are inserted by modern editors to indicate that the intervening words are so corrupt as to make it impossible to recover the original text with confidence. Possibly the author wrote λαμβάνωμεν ἃς πράττει ἀποφοράς, "so that we may take profits (ἀποφοράς) which they earn (πράττει)." If so, the subject of πράττει is τὰ ἀνδράποδα, which is understood from the previous clause.
καὶ ἐλευθέρους ἀφιέναι: "and [sc. for us] to let them go free."
ἀφιέναι < ἀφίημι.
λυσιτελεῖ: an impersonal verb, "it is profitable."
τὸν ἐμὸν δοῦλον σὲ ... ὁ ἐμὸς δοῦλος σ᾽ ... ὁ σὸς δοῦλος ἐμέ: it is very unusual for first and second person pronominal references of this kind to denote imaginary individuals (S 1193).
δεδιέναι < δείδω: "to fear."
κινδυνεύσει: impersonal, "it will be likely"; the following κινδυνεύειν has the usual meaning "run the risk."
καί: "also."

I.12

διὰ τοῦτ᾽ οὖν ἰσηγορίαν ... ἐποιήσαμεν ... διότι ... διὰ τοῦτο οὖν ... τὴν ἰσηγορίαν ἐποιήσαμεν: Note again the inartistic repetitions (see above on I.1).
ἐποιήσαμεν: "we" now represents the Athenians, not the Spartans.
ἰσηγορίαν: "equal right of speech."
καὶ ... καί: "both ... and."
πρός: "in relation to," "in comparison with"; so also πρὸς τοὺς ἀστούς which follows.
δεῖται: "requires" (+ genitive).

Constitution of the Athenians

τὸ ναυτικόν: either "the fleet" or "service in the triremes."

I.13

καταλέλυκεν: The literal meaning is "has abolished," but since there is no evidence for the abolition of γυμναστική or μουσική in the fifth century, the author (who frequently exaggerates in any case) must be using the verb figuratively.

νομίζων ... ἐπιτηδεύειν: The text is uncertain but the required meaning is clear enough: the δῆμος does not think highly of γυμναστική and μουσική because it is not competent in these skills.

χορηγίαις: "payment for dramatic and choral performances." The office of χορηγός (like those of gymnasiarch and trierarch, see below) was one of the λειτουργίαι ("liturgies") in Athens, i.e., the public services which a private citizen was expected to perform at his own expense (see Dover 175-177). The choregos paid the cost of a chorus for performance at a festival, and the term came to be applied to the person who provided for the production of tragedies and comedies.

γυμνασιαρχίαις ... τριηραρχίαις: two more liturgies, each lasting one year. The gymnasiarch and the trierarch were both wealthy citizens who fulfilled the duties of their offices from their own resources. The gymnasiarchs paid for the maintenance of the city's gymnasia. The trierarch was responsible for the upkeep and command of a trireme.

χορηγοῦσι ... γυμνασιαρχεῖται: active and passive verbs are deliberately balanced; the effect is to convey the belief that the rich assume responsibilites while the common people are the beneficiaries.

ἀξιοῖ: "expects," "thinks that it should"; third person singular indicative active of ἀξιόω.

γοῦν: part proof, "at any rate" (GP 451-452; S 2830).

ᾄδων < ἀείδω: "sing."

μέλει: see on I.8.

τοῦ αὑτοῖς συμφόρου: lit. "the advantageous to themselves," i.e., "their own advantage."

I.14

ὅτι: "because"; picked up by διὰ ταῦτα.

ἐκπλέοντες: subject of this and the following verbs and participles is "the Athenians."

συκοφαντοῦσιν: "bring charges" (as συκοφάνται, people who maliciously prosecuted public cases for their own financial gain); the subject is the Athenians.

ὡς δοκοῦσι: parenthetical, "as they are reputed" or "as they have the reputation (δόξα)." Gomme (227 n. 2) suggests that we read καὶ διώκουσι ("and they prosecute") in place of ὡς δοκοῦσι.
ἡ ἀρχή: the words may here mean "the (Athenian) empire," as often.
ἀτιμοῦσι: "deprive of their privileges (τιμαί) as citizens," "disenfranchise."

I.15

τοῖς ... δημοτικοῖς: "the democrats" (cf. I.4).
τὰ τῶν συμμάχων χρήματα: object of ἔχειν.
ἐκείνους: i.e., τοὺς συμμάχους; sc. ἔχειν. The object is ὅσον ζῆν, which = τοσοῦτον ὅσον ζῆν (S 2003).
ἐργάζεσθαι: "to work."

I.16

ἐν τῷδε: "in the following."
ἐπὶ δίκας: "for (the purpose of) lawsuits/trials."
ἀντιλογίζονται: "they counter."
ἔνι = ἔνεστι (cf. I.5).
πρῶτον μὲν ... εἶτ' ... (I.17) πρὸς δὲ τούτοις: virtually = "first ... second ... third"; the last component is further subdivided (πρῶτον μὲν ... ἔπειτα ... ἔπειτα). πρὸς δὲ τούτοις is one of our author's favourite devices for tacking one point on to another (e.g. I.18, I.19, II.12) without any clear logical connection between the different topics.
πρῶτον ... λαμβάνειν: indirect statement (accusative and infinitive dependent upon ἀντιλογίζονται); the author reverts to direct statement in the subsequent sentence.
τῶν πρυτανείων: "deposit," paid by each party before a suit began (LSJ s.v. πρυτανεῖον II.2).
τὸν μισθόν: i.e., jurors' pay.
οἴκοι: adverb, "at home."
τοὺς μὲν τοῦ δήμου: "those of the demos (i.e., democrats) on the one hand."
εἰ δὲ οἴκοι εἶχον ... ἂν ... ἀπώλλυσαν: a mixed present contrary-to-fact condition, with imperfect tense in the protasis, aorist in the apodosis. The imperfect expresses an enduring (but unreal) condition in which the allies try their cases at home; the aorist identifies individual instances in which the allies would (if the protasis were true) ruin those most friendly to the Athenian δῆμος. ἀπώλλυσαν is formed from ἀπολλύω instead of the more usual ἀπόλλυμι.
ἅτε + participle = "seeing as."

I.17

τῶν δικῶν ... οὐσῶν: genitive absolute.
ἡ ἑκατοστή: lit. "one-hundredth," i.e., "one percent tax" levied at port of entry (i.e., ἐν Πειραιεῖ).
τῷ = τινι: dative of possession.
συνοικία: "boarding-house."
ἄμεινον πράττει: lit. "does better," i.e., "earns more"; cf. the phrase in I.1.
μισθοφοροῦν: "to hire," epexegetic (explanatory) to ζεῦγος and ἀνδράποδον; for the apodosis understand ἄμεινον πράττειν.
οἱ κήρυκες ... τῶν συμμάχων: These κήρυκες are the heralds of the court, responsible for summoning prosecutors, defendants, and witnesses, and for announcing the outcome of trials. They "do better" when allies are in town for trials because the courtrooms are then fully occupied and their earnings are maximized (see Whitehead).

I.18

ᾔεσαν = ᾖσαν (< εἶμι).
κολακεύειν: "to flatter."
εἷς ἕκαστος: "each (and every) one"; distinguish εἷς from εἰς (cf. I.15) ἕνα ἕκαστον.
ἀφικόμενον: sc. τινα.
οὐκ ... δήμῳ: lit. "not in (the hands of) some others but in (the hands of) the people," i.e., "in the hands of none other than the people." For this meaning of ἐν see LSJ s.v. A.I.6.
ὅς ἐστι δὴ νόμος: δή, "of course," strikes an ironical note here (GP 236; S 2842).
ἀντιβολῆσαι: "to entreat," "to act as a suppliant."
του = τινος, "anyone"; agrees with εἰσιόντος.
ἐπιλαμβάνεσθαι: "to take hold of," "to grasp" (+ genitive).

I.19

ἐν τοῖς ὑπερορίοις: lit. "in the places beyond boundaries," i.e., "overseas."
τὴν ὑπερορίαν: sc. γῆν.
τῇ ναυτικῇ: sc. τέχνῃ.

I.20

μελέτην: "practice."

ἐμελέτησαν ... κατέστησαν: "gnomic" aorists, expressing general truths or γνῶμαι (S 1931); translate as present tense.
οἱ μὲν ... οἱ δὲ ... οἱ δ᾽: "some ... others ... others."
ὁλκάδα: "merchant ship."
ἐντεῦθεν: either "after this" or "as a result of this."
οἱ ... πολλοί: "most people," "the majority."
εὐθέως = εὐθύς; translate with ἐλαύνειν.
οἷοί τε < οἷός τε (sc. εἶναι), "to be able" (+ infinitive).

II.1

τὸ ... ὁπλιτικόν: "the heavy-armed infantry."
οὕτω: "as such," i.e., ἥκιστα εὖ ἔχειν.
καθέστηκεν < καθίστημι, often little more than "is."
ἥττους = ἥττονας (S 293).
σφᾶς αὐτούς: accusative subject of εἶναι in indirect statement, even though identical to the subject of the main verb ἡγοῦνται (S 1974).
ὀλείζους: comparative of ὀλίγος; but ἐλάττων is the more usual comparative form.
τῶν ... συμμάχων ... καὶ κατὰ γῆν κρείττους: τῶν συμμάχων is genitive of comparison; καὶ κατὰ γῆν = "even by land." Our mss. have κράτιστοί εἰσι instead of κρείττους (= κρείττονας), which is proposed by Marr; the superlative would imply both "more powerful than the allies" and "most powerful of all" (S 1434).

II.2

πρός: adverbial, "besides," reinforced by καί, "also."
τι ... τοιοῦτον: τοιοῦτον points forward to the sentences which follow ("prospective" use; τάδε is also frequently employed in this sense).
οἷόν τ᾽ ἐστίν: "it is possible."
συνοικισθέντας < συνοικίζω, "unite." The subject of the participle is the people represented by τοῖς ἀρχομένοις. Formally we expect the participle to be dative plural, but the shift into the accusative (in accusative and infinitive construction) is quite normal in Greek (S 2148.d).
συνάρασθαι εἰς τὸ αὐτό: lit. "to gather together into the same," i.e., "to combine their forces" (Moore), with accusative subject τὰς πόλεις. συνάρασθαι < συναίρω. εἰς τὸ αὐτό, "together," reinforces the prefix συν- (cf. συνελθοῦσιν εἰς ταὐτό in the next sentence).
τε καί: τε goes with οἷόν (sc. ἐστι); καί = "even."
ἀπολοῦνται: future middle < ἀπόλλυμι.

II.3

αἱ μὲν ... αἱ δέ: The two clauses stand in "partitive apposition" to the words ὁπόσαι ... ἀρχόμεναι, which designate the whole (S 981).
πάνυ: with διὰ χρείαν in the adjectival sense, "utter," "total."
ἥτις: not ἥ, because the relative clause expresses a general fact rather than a particular instance (S 2496).
εἰσάγεσθαι ... ἐξάγεσθαι: The middle voice signifies here that the subject is having something done for himself.
αὐτῇ: dative of possession.
ὑπήκοος: "subject to" (+ genitive).

II.4

ἅπερ τοῖς τῆς γῆς: After ἅπερ sc. οἷόν τ' ἐστί, and after τοῖς sc. dative participle ἄρχουσι, both from the preceding clause.
παραπλεῖν: "to sail along the coast."
ἀναβάντα < ἀναβαίνω: "embark"; agrees with τινα, the understood subject of παραπλεῖν and ἀποπλεῖν.
ὁ: sc. στράτος.
παραβοηθῶν < παραβοηθέω: "come to the rescue."

II.5

τῆς σφετέρας αὐτῶν: "their own"; intensive αὐτῶν agreeing with implied σφῶν (S 1202.2.b). Sc. γῆς.
ὁπόσον: lit. "how much," i.e., "as far as"; translate with πλοῦν.
βούλει: second person singular used of an imaginary individual (S 1017).
ὁδόν: accusative of extent, "along a journey" (S 1581).
ἰόντα: sc. τινα.
διὰ φιλίας: sc. χώρας.
ἔξεστιν ἀποβῆναι ... ταύτης τῆς γῆς, ἀλλὰ παραπλεῦσαι: ἀποβῆναι should mean "disembark" (sc. from a ship), so the genitive ταύτης τῆς γῆς cannot be easily explained as the sentence stands. ἀλλὰ παραπλεῦσαι also implies that a negative clause has preceded, expressing something like "not to disembark, but to sail alongside." It is therefore clear that some words have fallen out during the transmission of the text (the lacuna is indicated in the text by the ellipsis). Some editors restore sense by reading ἔξεστιν ἀποβῆναι, οὗ δ' ἂν μὴ ᾖ, μὴ ἀποβῆναι ταύτῃ τῆς γῆς, ἀλλὰ παραπλεῦσαι (ταύτῃ = "in this part").
αὐτοῦ: genitive of comparison.

II.6
εὐθενούσης < εὐθενέω: "thrive"; sc. γῆς.
ἀφικνεῖται: sc. a word such as σῖτος as the subject.

II.7
σμικροτέρων = μικροτέρων: here "less important"; genitive with μνησθῆναι (< μιμνήσκω).
τρόπους εὐωχιῶν: "various gastronomic luxuries" (Moore), lit. "customs of feastings."
ἐπιμισγόμενοι < ἐπιμείγνυμι: "mingle with," "deal with."
ἄλλῃ ἄλλοις: lit. "in-another-place with-other-people," i.e., "with different people everywhere."
εἰς ἕν: "into one place," "together."
ἤθροισται: perfect passive < ἀθροίζω, "gather together, collect."

II.8
ἰδίᾳ: modifies φωνῇ, διαίτῃ, and σχήματι (dative objects of χρῶνται), though it agrees in gender only with the first two.
κεκραμένῃ < κεράννυμι: "mix."

II.9
θυσίας ... ἱερὰ ... ἑορτὰς ... τεμένη: These nouns, properly the subject of the subordinate clause ὅτῳ τρόπῳ ἔσται, have been brought forward and made the object of the verb (ἐξηῦρεν) of the main clause ("prolepsis," S 2182). Translate: "As for sacrifices, temples, festivals ..."
τεμένη < τέμενος, -εος, τό: "sanctuary."
ὅτῳ τρόπῳ: lit. "in what way," i.e., "how."
ταῦτα: refers to the series of accusative nouns at the beginning of the sentence.
θύουσιν: plural, because the subject (ἡ πόλις) is a "collective singular" which denotes a plurality (S 950).
δημοσίᾳ: "at public expense" (LSJ *s.v.* δημόσιος V.1).

II.10
λουτρὰ καὶ ἀποδυτήρια: "baths and changing rooms."
ἐνίοις: in apposition to τοῖς ... πλουσίοις, added by the author as an afterthought to qualify his preceding statement (cf. on ἐνίους I.11).
παλαίστρας ... λουτρῶνας: "wrestling schools ... bath houses/ public baths."
πλείω = πλείονα: adverbial with ἀπολαύει ("enjoy," "benefit from" + genitive).

ὁ ὄχλος: "the mob," a term of contempt.
οἱ εὐδαίμονες: "the prosperous," "the well-off."

II.11

μόνοι: translate with τῶν Ἑλλήνων καὶ τῶν βαρβάρων.
ναυπηγησίμοις: "for shipbuilding."
διαθήσεται < διατίθημι: "dispose of."
αὐτῶν ... τούτων: either "these very cities" or "these very things" (i.e., wood, iron, copper, sailcloth, wax).
καὶ δή: signifies "the provision or completion of something required by the circumstances" (GP 251; also S 2847): "as a matter of fact."
νῆές μοί εἰσι: a reference apparently to the author's ownership of merchant vessels or to his role as trierarch. There is another personal reference in II.12 (ἐγώ).
κηρός: "wax."

II.12

ἄλλοσε ... οἷ: "to another place where."
ἄγειν: sc. the goods listed in the previous sentence.
ἐάσουσιν: sc. τινα as object.
ἀντίπαλοι: "hostile."
ἤ: "or else" (LSJ s.v. A.I.3)
ποιῶν: concessive participle, "although doing" (S 2066).
τῇ αὐτῇ: sc. πόλει.
λεία: "level."

II.13

παρά: "near" (LSJ s.v. C.I.2).
προὔχουσα < προέχω: "projecting."
στενόπορόν τι: "a narrow strait" (Moore).

II.14

ἑνός: genitive of εἷς, with ἐνδεεῖς (< ἐνδεής, "in need of").
θαλασσοκράτορες: "rulers of the sea."
ἠβούλοντο = ἐβούλοντο (S 430).
ὑπῆρχεν ἂν αὐτοῖς: lit. "it would be available to them," i.e., "they would have the opportunity."
τμηθῆναι ... προσδέχεσθαι: subject of the infinitives is τὴν ἑαυτῶν γῆν. τμηθῆναι < τέμνω: "cut," "ravage."
ὑπέρχονται: "submit to," "fawn upon" (LSJ s.v. III.1).
ἅτε: see on I.16.

τῶν σφῶν: lit. "of the things of themselves," i.e., "of their own property." For the pronoun see on σφισι I.3.
ἐμπρήσουσιν < ἐμπίμπρημι: "burn"; the subject is οἱ πολέμιοι, understood from the context.
τεμοῦσιν: future of τέμνω.

II.15

ἀπηλλαγμένοι ἂν ἦσαν, εἰ νῆσον ᾤκουν: ἀπηλλαγμένοι ... ἦσαν < ἀπαλλάσσω, "release"; periphrastic pluperfect passive (S 408, 599e). In this mixed contrary-to-fact condition, the periphrastic form in the apodosis stresses the completion of the act and the continuance of the result in present time (S 2306a, 1961).

εἰ νῆσον ᾤκουν: repeated four times in the next few lines (νῆσον οἰκούντων, εἰ νῆσον ᾤκουν, εἰ δὲ νῆσον ᾤκουν, οἰκήσαντες νῆσον); see above on I.1, and Gomme 234.

μηδέποτε ... ἐπεισπεσεῖν (< ἐπεισπίπτω): "epexegetic," expressing the content of the fear (δέους) "that the city should be ..." (S 2238). The negative words are redundant.

προδοθῆναι < προδίδωμι: "betray."
ὑπ᾽ ὀλίγων: "by oligarchs" (Moore).
ἀνοιχθῆναι < ἀνοίγνυμι: "open."
πῶς ... ἐγίγνετο: a parenthetical remark, interrupting the list of fears from which living on an island would free the Athenians. γάρ often introduces a parenthesis (GP 68-69; S 2812).

οἰκούντων: sc. αὐτῶν; the participle is conditional (S 2067, 2070.d).
στασιάσαι: "rebel against" (+ dative); subject μηδένα.
στασιάσαιεν ... στασιάσειαν: both third person plur. opt. The subject is understood from the context as "those who would rebel against the common people" (likewise for ἔχοντες and ἐπαξόμενοι).

ἄν: separated from its verb στασιάσειαν because it is "postpositive" and tends to come second in its clause.

ὡς ... ἐπαξόμενοι: ὡς + (future) participle denotes the intention in the mind of the subject of the main verb (S 2086, 2996).

ἀδεῶς εἶχεν αὐτοῖς: lit. "would be without fear for them," i.e., "they would not fear." For ἔχω + adverb, see on I.2.

II.16

τάδε: "the following" (see on I.17).
τὴν ... οὐσίαν: "their property."
παρατίθενται: "entrust" (LSJ s.v. B.2).

Constitution of the Athenians

περιορῶσι: "look around," "overlook," "disregard" (sc. what one should in fact be most concerned with).
ἐλεήσουσιν < ἐλεέω: "pity," "show mercy towards."
στερήσονται: "will be deprived of" (+ genitive). For the form see S 809, 1738.

II.17

ἐμπεδοῦν: "to uphold."
ἐμμένωσι: "abide by" (+ dative).
ταῖς συνθήκαις: "their agreements."
ἀδικῇ: second person singular passive subjunctive, used of an imaginary subject; see on II.5 βούλει. But the text is suspect and may be corrupt.
ὀνόματα ἀπὸ τῶν ὀλίγων: "names (of those responsible) are (taken) from the few." The point is that the names of those who made the agreements are known because relatively few people were involved.
ἅσσα = ἅτινα.
ἔξεστιν ... τοῖς ἄλλοις: order for translation: ἔξεστιν αὐτῷ, ἀνατιθέντι τὴν αἰτίαν ἑνὶ τῷ λέγοντι καὶ τῷ ἐπιψηφίσαντι, ἀρνεῖσθαι τοῖς ἄλλοις. Lit. "it is possible for it [sc. the demos], attributing the blame to one person, [namely] the person who proposed and the person who put it to the vote, for the others to deny ..." For τοῖς ἄλλοις see below.
ἀρνεῖσθαι ... ὅτι οὐ παρῆν οὐδὲ ἀρέσκει: οὐ ... οὐδέ are redundant (S 2743).
τοῖς ἄλλοις: substitutes for αὐτῷ in the previous line. The substitution of plural for singular seems illogical (anacolouthon: S 3004-3008), but is made to produce a contrast with ἑνί. The author reverts to the singular with παρῆν ... ἀρέσκει, then returns to the plural with οἵ ... πυνθάνονται.
οἵ γε: "those, at least, who."
συγκείμενα: used as though passive of συντίθημι.
καὶ εἰ μὴ δόξαι εἶναι ταῦτα: "and if it should seem best (sc. to the people) that these not be," i.e., "if the people decide against these (sc. συγκείμενα)." δόξαι is an alternative form of the aorist optative.
τοῦ μὴ ποιεῖν: genitive articular infinitive dependent on προφάσεις, "excuses for not doing."
βούλωνται: The shift to plural from singular ἐξηύρηκε is natural since the subject of both verbs is the collective singular ὁ δῆμος (see above on II.9 θύουσιν).
ἀναβαίνῃ: "results."
αἰτιᾶται < αἰτιάομαι: "accuse."
διέφθειραν: sc. that which ὁ δῆμος advised.

II.18

ἐῶσιν: sc. τινα as subject of the infinitives.
ἀκούωσι κακῶς: "be badly spoken of" (LSJ *s.v.* ἀκούω III.1).
εἴ τίς τινα βούλεται: sc. κακῶς λέγειν.
οὐχί: a stronger, colloquial form of οὐ.
ὡς ἐπὶ τὸ πολύ: "for the most part," "in most cases"; ὡς adds a shade of indefiniteness to the prepositional phrase (S 2995).
δυνάμενος < δύναμαι: lit. "being able," i.e., "powerful," "influential."
ὀλίγοι δέ τινες: τινες strengthens ὀλίγοι, "very few" (S 1268).
οὗτοι: sc. κωμῳδοῦνται.
πολυπραγμοσύνην: "interference in other people's business," "meddlesomeness"; see Dover 188-190.
τοῦ δήμου: genitive of comparison, with πλέον.
ἄχθονται: "are troubled at," "are bothered by" (+ accusative).

II.19

ἐπιτηδείους καὶ συμφόρους: "useful and advantageous."
κἄν = καὶ ἄν (ἐάν), "even if."
τοὺς ... χρηστούς: See on I.1.
αὐτοῖς: dative of possession; refers to οἱ χρηστοί mentioned in the previous sentence.
πρός: "connected with," "engaged in" (+ dative).
πεφυκέναι: "is by (its) nature" (cf. φύσις); inf. in indirect statement.
ἐπί: "for (the purpose of)" (cf. I.16).
τοὐναντίον ... τούτου: τοὐναντίον (= τὸ ἐναντίον) is adverbial, lit. "contrarily of (i.e. to) this," i.e., "on the other hand."
ὄντες: concessive participle, "although being" (see above on II.12).
ὡς ἀληθῶς: no difference in meaning from ἀληθῶς by itself.
τὴν φύσιν: accusative of respect.

II.20

συγγιγνώσκω: "forgive," "excuse," + dat. of those who are excused (αὐτῷ τῷ δήμῳ) and acc. of that for which they are excused (δημοκρατίαν).
αὐτὸν ... εὖ ποιεῖν: "benefit himself."
μὴ ὤν: not οὐκ, because the participle states a condition (S 2728).
εἵλετο ... παρεσκευάσατο ... ἔγνω: gnomic aorists (see above on I.20). εἵλετο < αἱρέω (see on I.1).
οἷόν τε: sc. ἐστίν, "it is possible" (see above on I.20).

III.1

καὶ περὶ … ἐγὼ ἐπέδειξα: the author returns to the point which he made with his opening words (I.1).
ᾧ: relative pronoun attracted into the case of its antecedent τρόπῳ (S 2522); we expect it to be in the accusative case instead.
τάδε: accusative of respect, anticipating ὅτι.
Ἀθηναίους: direct object of μεμφομένους.
ἔστιν: when accented in this way ἐστί sometimes = ἔξεστι, "it is possible."
χρηματίσαι < χρηματίζω: "negotiate/do business with" + dat.
ἐνιαυτόν: "for a year"; acc. of extent of time (S 1582).
καθημένῳ: concessive participle (see on II.12), "though sitting," i.e., "though waiting"; the subject is ἀνθρώπῳ.
οὐδὲν δι' ἄλλο: i.e., δι' οὐδὲν ἄλλο, "for no other reason."
τῶν πραγμάτων: "business."

III.2

οὕστινας … ἑορτάς: The relative clause expresses a cause, lit. "for whomever it is necessary …," i.e., "since they must …" (S 2555).
ἑορτάσαι ἑορτάς: "to celebrate festivals"; cf. I.3 ἄρχειν … ἀρχάς.
ἧττον … τῆς πόλεως: translate ἧττον as adverb with δυνατόν ἐστι, τινα with τῶν τῆς πόλεως, "it is less possible to have any public business dealt with."
δίκας … γραφὰς … εὐθύνας: "private suits … public prosecutions … examinations of officials." An εὔθυνα was an audit of an official at the end of his term. It involved, but was not restricted to, an examination of his use of public funds.
ἐκδικάζειν: "to settle."
τὴν … βουλὴν βουλεύεσθαι: sc. δεῖ.
τοῖς συμμάχοις: dat. of advantage, "on behalf of the allies."
νεωρίων: "dockyards."
ἐπιμεληθῆναι < ἐπιμελέομαι: "take care of" + gen.
ἆρα δή τι θαυμαστόν ἐστιν: "Is it at all (τι) surprising/any wonder, then …" For this connective use of δή, indicating that an inference is about to be drawn, see GP 236-240; S 2846.
τοσούτων … πραγμάτων: genitive absolute.

III.3

ἤν = ἐάν: "if" (+ subjunctive).
προσίῃ < πρόσειμι: "go to"; subjunctive.

χρηματιεῖται: future (S 539e).
διότι: here = ὅτι, "that" (LSJ *s.v.* II).
διαπρᾶξαι: "accomplish (things) for" (+ dative).
τῶν δεομένων (< δέομαι): "the petitioners"; with πᾶσι.
οὐδ' εἰ ὁποσονοῦν: lit. "not even if however much," i.e., "no matter how much."

III.4

ἐπισκευάζει: "repair." "The question of refitting a ship refers to the duty of a trierarch to hand over a seaworthy vessel at the end of his year of office" (Moore 56).

χορηγοῖς διαδικάσαι: "to settle disputes with (lit. for) χορηγοί" (sc. δεῖ); for the offices of χορηγός and τριήραρχος, see I.13.

εἰς: "at."

ὅσα ἔτη: lit. "for how many years," i.e., "year after year," "annually."

τούτων τοῖς βουλομένοις: lit. "for those of these who want," i.e., "with those among them who wish."

διαδικάσαι: sc. δεῖ (likewise with the inf. in the next sentence).

δοκιμάσαι: The verb implies a review (δοκιμασία) of a person by the βουλή to determine if he could hold a particular office. Such issues as could be raised included citizenship, financial resources, physical fitness, and past conduct.

ταῦτα: sc. γίγνεται.

III.5

διὰ χρόνου: lit. "through (the course of) time," i.e., "from time to time."

ἀστρατείας: "avoidance of military service"; the plural implies separate instances of such avoidance.

ἐάν τε ... ἐάν τε: "whether/if ... or" (S 2852).

εἴρηται: perfect passive of λέγω.

αἱ τάξεις τοῦ φόρου: "the assessments of tribute."

ὡς τὰ πολλά: "usually" (cf. II.18 ὡς ἐπὶ τὸ πολύ, with note).

δι' ἔτους πέμπτου: "every fourth year." The Greeks counted inclusively when reckoning intervals; something which occurred every fourth year was said to occur in the fifth year, after the year of the preceding incidence was included in the counting.

III.6

φέρε δή: "come then" (cf. III.7 below). δή is consecutive (S 2846).

ταῦτα ... ἅπαντα: order for translation: χρὴ οἴεσθαι οὐκ χρῆναι διαδικάζειν ἅπαντα ταῦτα.
εἰπάτω: third-person singular imperative; -άτω is a first aorist ending, though εἶπον is usually treated as a second aorist.
γάρ: "for in that case," "for if that is so"; the connection of thought is imprecise (GP 61-62; S 2804).
δικάζοντες: "sitting as jurors (δικασταί)"; similarly δικάζειν below.
ὑπάρχουσιν ὥστε παύειν: lit. "are they capable so as to stop," i.e., "can they stop." ὥστε is superfluous (S 2271).
ὑπό: "because of," "on account of."

III.7
ἀλλά: introduces an objection (S 2785).
ἐλάττους = ἐλάττονας (see on II.1); accusative subject of δικάζειν (sc. φήσει χρῆναι).
ἀνάγκῃ: lit. "by necessity," i.e., "inevitably," "necessarily."
διασκευάσασθαι: "to prepare oneself fully (δια-)"; see on I.1.
συνδεκάσαι < συνδεκάζω: "to bribe (them)."
δικάζειν: sc. ῥᾴδιον ἔσται; understand judges as subject.

III.8
οἴεσθαι ... Ἀθηναίους: order for translation: χρὴ οἴεσθαι χρῆναι Ἀθηναίους καὶ ["also"] ἄγειν ἑορτάς.
μὲν ... ἀλλ': a more emphatic contrast than μὲν ... δέ (GP 5-7; S 2903, 2910); see on I.8.
ἐγὼ ... πόλει: lit. "*I* [emphatic ἐγώ, for contrast] am putting [festivals] equal to the state holding the fewest," i.e., "*I* am counting only those festivals that correspond to [those in] the state that holds the fewest."
ἐγὼ μέν: μέν *solitarium* (see on I.3); especially common after personal pronouns (GP 381-2; S 2898).
οὐ φημι: Not "I do not say," but rather "I deny," "I say that ... not."
ἄλλως ἔχειν: for adverb + ἔχω, see on I.2.
κατὰ μικρόν τι: "by a little."
τὸ μὲν ... τὸ δέ: "one thing ... another," objects of ἀφελεῖν and προσθεῖναι respectively (S 1107-1108).
ὥστε μὴ οὐχί: μή is the normal negative in a ὥστε + infinitive clause, but μὴ οὐ is used when the clause depends upon a negatived main verb (S 2745, 2759.d).
τῆς δημοκρατίας: "from democracy."

III.9

βέλτιον ἔχειν: for the adverb βέλτιον + ἔχω, see on I.2.
ὥστε μέντοι: stronger than ὥστε δέ, which we expect after ὥστε μέν (S 2919).
ὥστε ... εἶναι: lit. "but so as to be a fact (lit. "to be established") that democracy exists," i.e., "guaranteeing the existence of democracy."
ἀρκούντως ... ἐξευρεῖν: dependent on οὐ ῥᾴδιον. ἀρκούντως: "sufficiently." τοῦτο anticipates ὅπως.
ὅπως δή: "exactly how" (GP 218-21; S 2843).
ὅπερ ἄρτι εἶπον: lit. "the-very-thing-which I said just now," i.e., "as I said a moment ago."
προσθέντα ἢ ἀφελόντα: circumstantial participles ("by adding or removing"; S 2062); they agree with τινα understood from the phrase οὐ ῥᾴδιον above, "it is not easy (sc. for someone)." προσθέντα < προστίθημι; ἀφελόντα < ἀφαιρέω.

III.10-13 In these last four sections the essay trails off in its organization and content; this creates the impression that the work was never completed.

III.10

τοὺς χείρους: see on I.4.
σφίσιν αὐτοῖς: with ταὐτά, "the same things *as.*"
τὸ βέλτιστον: see on I.5.
οἱ γὰρ ὅμοιοι τοῖς ὁμοίοις εὔνοοί εἰσι: almost a proverbial sentiment (see LSJ *s.v.* ὅμοιος A.1).
προσήκοντα: "sympathetic to."

III.11

ὁποσάκις: lit. "as many times as," i.e., "whenever."
συνήνεγκεν < συμφέρω: impersonal use, lit. "it was not profitable."
ἐντός: "within" (+ genitive).
ὁ δῆμος ... ὁ ἐν Βοιωτοῖς: It is uncertain to what event the author is here referring; see Gomme 230 n. 1; Bowersock 35-36; Moore 58.
τοῦτο: sc. ἐγένετο.
ὅτε Μιλησίων εἵλοντο τοὺς βελτίστους: The reference is probably to Athens' support of an oligarchic revolt in Miletus in 446-3; see Bowersock 36-37; Moore 58.
ἀποστάντες < ἀφίσταμαι: "revolt (from)"; sc. οἱ βέλτιστοι.
ὅτε εἵλοντο Λακεδαιμονίους ἀντὶ Μεσσηνίων: In 464 the Messenians took the opportunity afforded by a devastating earthquake to revolt from the Spartans, to whom they had been subject for many years. The

Constitution of the Athenians

Spartans, weakened by this earthquake, gained help from Athens in the form of 4,000 troops, but the Athenians were told on their arrival in Sparta that their help was no longer needed.

III.12-13 For a discussion of these final two chapters, see Gomme 237-42.

III.12

ἄρα: serves to distance the speaker from the claim being made; it conveys a note of scepticism (GP 38-39; S 2798): "after all," "of course."
ἠτίμωται < ἀτιμάω: see on I.14.
ὀλίγοι ... τινές: "very few" (see on ὀλίγοι ... τινες in II.18).
οὐκ ὀλίγων: "a good many," "a considerable number" ("litotes": S 3032).
δεῖ: "it requires" (+ genitive).
τοι: "you see," "you should know" (GP 537, 545-546; S 2984-2986).
καί: "actually," "really" (GP 321-323).
ἐνθυμεῖσθαι ἀνθρώπους εἴ τινες = ἐνθυμεῖσθαι εἰ ἄνθρωποί τινες. The position of ἀνθρώπους is an example of prolepsis (S 2182).

III.13

πῶς ἂν οὖν ἀδίκως οἴοιτό τις ἄν: for the duplication of ἄν see on I.10. Here πῶς ἄν indicates a rhetorical question: "how could it be that anyone would ..."
ὁ δῆμός ... τὰς ἀρχάς: this statement flatly contradicts I.3.
λογιζόμενον: subject is τινα understood after χρή.
εἶναι ... ἀπό: "arises from."